CB079681

Enfim, livre!

Sua vida começa depois da separação

Dolly Ray

V&R Editoras

Você é livre!

Mesmo se desejava muito

essa **liberdade**

ou se acha que ela chegou

contra sua vontade...

é sua!

Fique à vontade

e comece a aproveitá-la

lendo este livro.

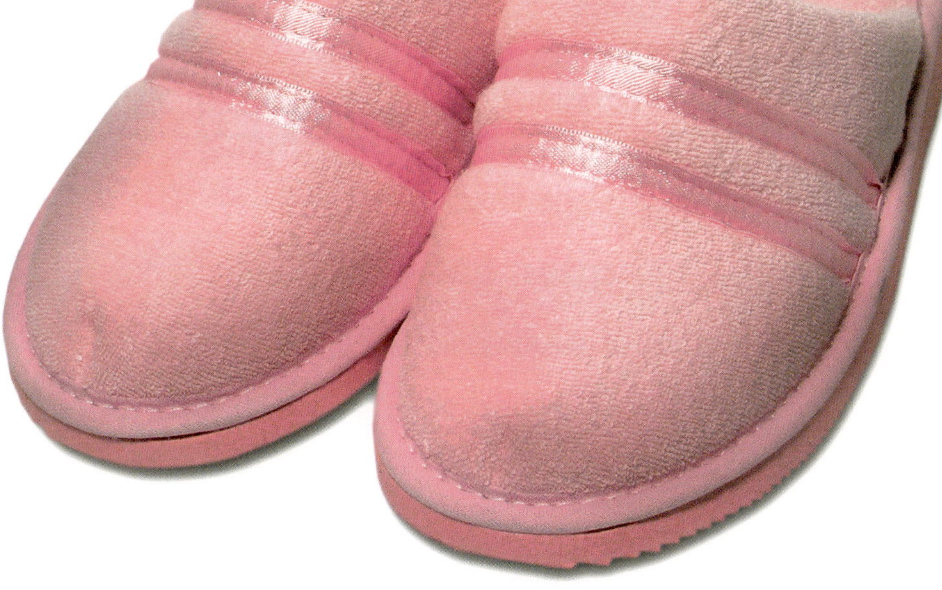

Embora parecessem estar juntos,

vocês seguiam **direções**

opostas.

Agora, cada um

escolheu um **novo caminho.**

E quer saber?

Você vai se sentir **mais leve**

depois de tirar esse peso das costas!

ACCESO

Não tenha pressa

para tomar decisões.

Relaxe.

Não há por que perder a cabeça.

Em todo caso,

deixe que outro a perca...

(a sua é muito valiosa).

SE7E
6EIS
5

Você é dona do seu tempo

para cuidar de si.

Corpo, mente e alma.

Um banho de espuma,

uma máscara facial à noite,

meditar,

matricular-se naquele curso...

milhares de opções

a seu alcance!

Ontem:

discussões

ou silêncios desesperadores.

Hoje: a paz.

E você ainda tem

alguma dúvida?

Deixe-se mimar.

Você já não precisa de desculpas
para voltar ao ninho materno
ou para passar um dia inteiro
com suas amigas.
Alguma delas já deve ter passado
por isso, e a compreenderá
como ninguém.

Vale ficar triste

ou chorar um pouquinho.

Vamos, desabafe!

Mas depois olhe-se no espelho.

Por quanto tempo você pretende ficar

com essa cara?

Se não quiser inspirar compaixão

nos outros,

tome uma decisão:

curta sua nova vida!

Agora você é **dona**

do controle remoto...

de sua vida.

De hoje em diante,

se alguém

quiser lhe dar instruções,

mande-o – com um lindo sorriso –

para... Plutão!

Outros benefícios?

Adeus aos amigos chatos,
às visitas à família,
aos insuportáveis compromissos
de trabalho dele.

E chega desses
interminááááveis
programas esportivos!

CHOCOLATES

Mais vantagens!

Sair para fazer compras
e levar tudo o que quiser
sem ter que dar satisfação
a ninguém!

O que você está esperando?

E para fechar com chave de ouro,

o melhor dos melhores:

não vai mais ter que aturar

a mãe dele!

Adeus a seu olhar

sempre enxerido!

É verdade,

a **liberdade**

pode assustar um pouco.

Aproveite-a para se **renovar:**

um novo corte de cabelo,

roupa mais ousada

(ou mais conservadora).

Veja sua nova vida

com outros olhos.

Ninguém vai criticar você!

Não tenha medo:

seja diferente!

Seja o que sempre desejou ser,

ou volte a ser o que era.

Única!

Você merece
esse descanso.

Se não quiser cozinhar
nem lavar a louça,
peça sua comida favorita pelo telefone.

Sem culpa.

(A dieta começa na segunda-feira.)

Luzes! Brilho!

Noites de festa e alegria!
Deixe que a liberdade a incendeie.

Atualize suas armas
de conquista!

Você entra num bar e... ops!

Lá está seu ex.

Não balance, não caia nessa cilada.

Imagine-se **radiante**

e em sua melhor forma:

pise forte com seus saltos...

e olhe lá pra cima!

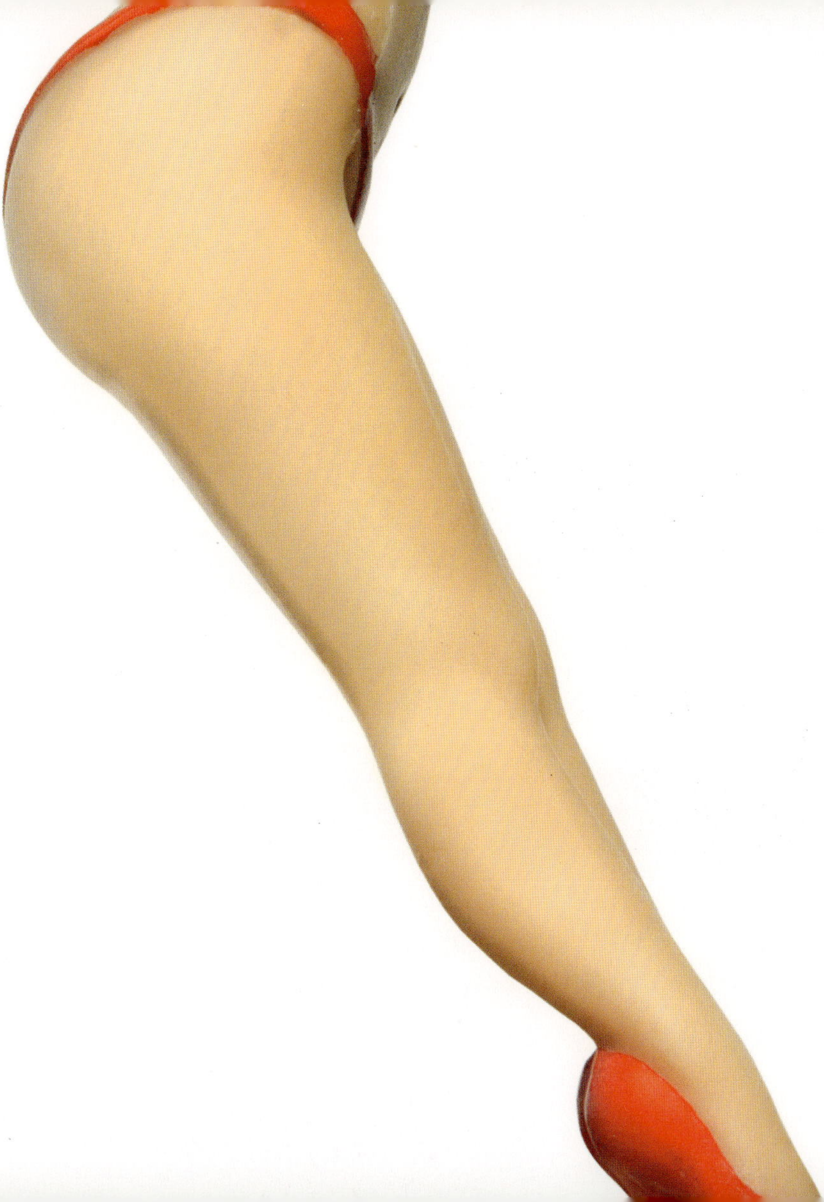

Cuidado!

Os sapos não se transformam
em príncipes.
Se ele ligar cheio de promessas,
não ceda, não se comova
com a solidão dele,
não ouça seu tom desprotegido.

Lembre-se: o retorno
raramente dá certo.

Perigo! Perigo!

Esta surpresa

não vai trazer nada de bom.

Não desperdice o esforço feito

para aproveitar

sua liberdade novinha em folha!

Agora
o mundo é seu!

Uma viagem ao Caribe,
turismo de aventura na selva,
uma excursão mística no Himalaia,
um passeio pelos bairros turísticos
da sua cidade?

Milhares de opções,
sofisticadas ou simples,
mas só suas!

Transit

É **natural**, às vezes,
que você se sinta triste
ou nostálgica.

O melhor remédio

para esses casos é:
roupa confortável,
uma boa quantidade de sorvete,
um bom romance
ou seu programa preferido na televisão.

pure
jasmine
soap

As **amigas**
são sempre
uma **excelente ajuda**
para espantar a tristeza.

Só de se arrumar para sair
já se sentirá renovada.
Depois, é só **trocar**
segredos com elas
e ficar a par das notícias
mais quentes!

Você é dona
e senhora de seu destino.

Escolha suas cartas,

vire o jogo.

A vida está lhe dando
outra oportunidade.

Acorde!

Livre-se dessas correntes

e aceite o desafio.

Aproveite a mudança!

Algo muito melhor

está esperando por você.

Você merece!

E vai conseguir, porque,

enfim... você é livre!

Direção de arte: Trini Vergara
Edição: Lidia María Riba
Tradução(alemão/espanhol): Mariana Magnus
Tradução(espanhol/português): Sandra Martha Dolisky
Revisão: Carmen Garcez
Fotos: Sebastián Izquierdo
Texto e idéia original © 2006 arsEdition, Munique - todos os direitos reservados
Título original: Endlich frei!

© 2008 V&R Editoras
© 2008 Vergara & Riba Editoras Ltda.
www.livropresente.com

Todos os direitos reservados. Proibidos, dentro dos limites estabelecidos pela lei, a reprodução total ou parcial desta obra, o armazenamento por meios eletrônicos ou mecânicos, fotocópias ou qualquer outra forma de cessão sem prévia autorização escrita das editoras.

Rua José Felix de Oliveira, 1205 - CEP 06708-645
Granja Viana - Cotia - São Paulo
Tel./Fax (55 11) 4612-2866
e-mail: editoras@livropresente.com.br

ISBN 978-85-7683-164-8

Impresso no Uruguay por Pressur Corporation S.A.
Printed in Uruguay

Ray, Dolly
Enfim livre!: sua vida começa depois da separação
Dolly Ray; [tradução do espanhol
Sandra Martha Dolinsky]. Cotia, SP: Vergara & Riba
Editoras, 2008. (Sorria) - Título original: Endlich frei.

ISBN 978-85-7683-164-8

1. Auto-ajuda - Técnicas 2. Auto-conhecimento -
Teoria 3. Casamento 4. Divórcio 5. Felicidade
6. Motivação 7. Mudança de vida 8. Realização pessoal
9. Sucesso I. Título. II. Série.

08-07674 CDD-158.1

SUA OPINIÃO É IMPORTANTE!

Escreva um e-mail para opiniao@livropresente.com.br com o título deste livro no "Assunto".